AF343119

Edict du Roy, donné

à Fontainebleau au mois d'Auril, 1554.
Par lequel il a declaré, statué & ordonné que d'oresnauant par luy seul, &
non autre sera pourueu aux estats &
offices des Admiralitez & despen-
dences d'icelles quand
vacation y escherra.

Auec les reiglemens, establissemens, creations, ordonnances
& erections en tiltre d'offices formez, faicts par
ledict Seigneur en l'Admiralité de France,
pour la Duché de Normandie.

A ROVEN.

DE L'IMPRIMERIE,

De MARTIN LE MESGISSIER, Imprimeur
ordinaire du Roy, tenant sa boutique au haut
des degréz du Palais.

M. D. C. XXVIII.

Auec Priuilege de sa Maiesté.

ENRY par la gra-
ce de Dieu, Roy de
Fráce, à tous presens
& aduenir , Salut.
Cóme depuis noftre
aduenement à la
Couronne, en regardant au faict de noftre Iuftice, & mefmes à l'eftabliffement
& inftitution des officiers, pour ce faire
propofez & ordonnez, Nous euffions
trouué qu'en aucunes iurifdictions de
nos royaume, païs, terres, & feigneuries
de noftre obeïffance y auoit aucuns
defdicts officiers exerceans noftredi-
cte Iuftice , qui neantmoins n'eftoient
par nous pourueuz, ne inftituez , mefmes ne nous en auoient faict ne presté
le ferment comme eftoit requis , telle-
ment qu'icelle Iuftice n'eftoit fi fidellement adminiftrée , ne les actes & iu-
gemens qui en eftoyent émanez & au-
ctorifez , comme fi lefdicts officiers

eussent par nous esté & estoyent mis &
instituez & qu'ils nous eussent faict &
presté le serment. Au moyen dequoy
desirans nostredicte Iustice estre
grandement auctorisee & icelle bien &
fidellement administrée, Nous aurions
tous les dessusdicts Officiers pourueuz
& instituez par autre que par nous cas-
sez & supprimez. Et en ce faisant vou-
lu & ordonné que doresnauant il y
soit pourueu par nous seul, & non par
autre, ainsi que plus au long est con-
tenu par plusieurs nos Edicts sur ce
faicts. Et pource que par iceux n'est
faict aucune mention des officiers des
Admiralitez tant des Mers de Leuant
que de Ponant, ce que neantmoins est
bien requis & necessaire faire pour les
mesmes causes & considerations que
dessus.

SCAVOIR FAISONS, qu'a-
pres auoir conferé de ceste affaire auec

d'aucuns Princes de noſtre ſang, & autres grands & notables perſonnages de
noſtre Conſeil priué.   Auons par leur
aduis & deliberation dict & declaré
ſtatué & ordonné,& de noſtre certaine
ſcience plaine puiſſance , & auctorité
Royal, diſons, declarons, ſtatuons &
ordonnons que doreſnauant par nous
ſeul , & non autre ſera pourueu à tous,
& chacun les eſtats , & offices de noſ-
dicts Admiraux,& depédences d'iceux
quand vaccation y eſcherra , Soit par
mort, reſignation, ou autrement, &
ou aucuns auoient eu & obtenu de
nous,ou de nos predeceſſeurs,lettres &
pouuoirs quand à ce,nous les auons re-
uocquez, caſſez, & adnullez, reuoc-
quons, caſſons , & adnullons par ces
preſentes,ſignez de noſtre main. Vou-
lant neantmoins que ceux qui auront
prouiſions de nous à leur nominations
& preſentations ſoyent tenus , dedans

deux mois, apres la publication de cef-
dictes prefentes , fe retirer par deuers
nous, pour prendre lettres de nouuelle
prouifion & affignation des gages , fe-
lon qu'ils leur feront ordonnez par ce
prefent Edict.   Aufquels, iufques à ce
auons expreffément inhibé & deffen-
du inhibons & deffendons s'entremet-
tre ne immifcer en l'exercice defdictes
offices, fur peine de nullité de ce qui en
feroit par eux faict , & d'eftre tenus de
tous defpés, dommages & interefts en-
uers les parties intereffées.   Et pour ce
que pour decider des appellations qui
eftoyét interjectées des iuges eftablis és
fieges particuliers defdictes Admiralitez eftans foubs le reffort de nos Cours
de Parlemens de Paris & Roüen, Ont
efté par cy deuant inftituez officiers és
Tables de Marbre de nos Palais de fef-
dicts lieux non toutesfois en icelle dudit Roüen, en nombre fi fuffifant qu'il

est requis, lesquels & pareillement ceux
desdicts sieges particuliers n'ont aucūs
gages. A ceste cause, & pour remplir les
sieges tant generaux que particuliers,
d'officiers & ministres necessaires, &
que chacū d'eux ayent quelques gages,
& par ce moyé meilleur zele & affectiō
au bien & distribution de Iustice. Auōs
faict, statué, creé & ordóné, faisons, sta-
tuós, creons & ordónons les reiglemés,
establissemens, creations, ordónances
& erections en tiltre d'office formez &
autres choses qui s'ensuyuét. Au nóbre
desquels toutesfois nous n'entendons
estre comprins les autres qui y sont, &
se trouuerront auoir esté par nous, ou
nos predecesseurs à la nomination de
nos Admiraux, ou autrement deuëment pourueuz en chacun siege des
lieux & sieges cy apres declarez. Et pre-
mierement au siege general estably en
ladicte Table de Marbre dudit Palais à

Roüen, Auons ordóné, outre les Lieutenant general & particulier , & autres
officiers d'anciéneté en ce lieu instituez
quatre officiers de Cóseillers qui serót
graduez & qualifiez, lesquels pourront
estre exercez par ceux qui aurót esté, ou
serót pourueuz des offices de Cóseillers
en ladite iurisdictió de nos cauës & fo-
rests en ladite Table de Marbe. Consi-
deré que aysément pourrót suffire aux
deux iurisdictiós d'autát quelles s'exer-
cent en vn mesme lieu & à diuers iours.

Et outre decoré & decorós les Sergés
de tiltre d'Huissiers, auec pouuoir d'ex-
ploicter en toutes iurisdictions de nostre Duché de Normandie. Pareillemét
auons creé en tiltre d'offices formez vn
Lieutenát particulier au siege particulier de ladite Admirauté audit Roüen,
vn Greffier. Et en chacun des sieges de
Hósleu, Toucque, Caudebec, Harfleu,
Ville françoise de grace, Fescáp, Sainct
Valery

valery, Bourg de veulles, Dieppe, Caen,
Bourg de Port, Ancelles prés Bayeux,
Bourg de grand camp, Caréten, la Hogue, Côstances, Bourg de porbail, Cherebourg, & bourg de genets, vn Lieutenant particulier, & vn Procureur pour
nous, qui pourra exercer sondit office,
auec celuy de la Iurisdiction ordinaire
esdicts lieux. Et d'auantage en chacun
desdicts lieux & siege de Ville Françoise de grace, Auquel siege y aura vn greffier que nous y auons pareillemét creé,
de Dieppe, Auquel siege outre le Lieutenát particulier qui y est par nous creé
comme dict est, y aura vn cómis de luy
en office formé. De Caudebec, de Harfleu, de Fescamp, de sainct Valery, &
Bourg de veulles, deux Sergés qui pourront respectiuement faire exploicts tát
pour le faict de l'Admiralité qu'autres
de la iurisdictió ordinaire desdits lieux,
Ausquels suldicts officiers, tant anciés,

que preſentement creez. Auõs ordõné
& ordonnons par chacun an les gages
qui enſuyuent. C'eſt aſſauoir au Lieutenant general de ladicte Table de Marbre, trois cens liures tournois, ſi tãt n'en
à, ſinon le ſupplemét de ce qui s'en deſ-
faudra iuſques à ladite raiſon. Au Lieutenant particulier , commis en ladicte
iuriſdictió d'icelle deux cés liures tournois. Et à chacun des quatre Cõſeillers
cent liures tournois. A chacun de nos
Aduocats, & Procureurs en ladicte iu-
riſdiction pareille ſomme de cét liures
tournois, au Greffier cinquante liures
outre l'émolument dudict Greffe. Au
Lieutenant du ſiege particulier de ladicte Admiralité audit Rouen cét liures,
au Greffier vingt-cinq liures, outre l'é-
molument dudict greffe cóme dict eſt.
Au Lientenant dudict ſiege particulier
de Honnefleu cent liures, au cómis dudict Lieutenant particulier audit ſiege

cinquante liures. Au Procureur dudict
lieu qui pourra exercer à ladite iurifdi-
ction, ordonné dudict lieu, vingt-cinq
liures de gages.

Et à chacun des Lieutenans defdicts
fieges particuliers de Toucque, Caudebec, Fefcamp, Sainct Valery, Bourg de
Veulles , Bourg de port & Ancelles
prés Bayeux, Bourg de grand camp, de
Carenten, la Hogue, Bourg de porbail,
Cherebourg & bourg de Genets, cent
cinquante liures tournois de gages.
A celuy de ladicte ville fráçoife de grace, deux cens liures tourn. A celuy dudict fiege de Caen, cent liures. Et à celuy du fiege de Conftances femblable
fomme de cent liures tournois. A cha-
cú de nos Procureurs defdicts lieux qui
pourrót auec leurfdites offices auffi exercer les offices de Procureur de nous
és iurifdictiós ordinaires d'iceux, vingt-
cinq liures chacun, fors & excepté celuy

de la ville Frãçoiſe de grace, auquel ordonnez cinquante liures de gages, au
greffier dudict ſiege de la ville Françoi-
ſe de grace vingt-cinq liures tourn. de
gages, outre l'émolument dudit greffe.

Deſquels gages nous entendons tous
les officiers deſſuſdicts & chacun d'eux
reſpectiuemét eſtre payez & ſatisfaicts
des deniers de nos finances de nos rece-
ptes generalles de Rouen & Caen, &
par les mains des Receueurs generaux
d'icelles, par les quartiers & autres ter-
mes accouſtumez, à commencer des
iours de leurs prouiſiõs auſdicts eſtats,
& qu'à ceſte fin ſoit defalqué de l'eſtat
general de nos finances par chacun an,
par les Theſauriers de Frãce & generaux
d'icelle, en noſtredict pays & Duché de
Normandie, autant que leſdicts gages
mõterõt en chacunes de leurs charges.
Tous leſquels officiers tant generaux
que particuliers pour plus cõtinuer leſ-

dicts estats d'Admiralitez en grãde auctorité & splendeur, cóme bien est requis pour le bien & administration de
leurs charges, obeyront & entendront
diligemment à nosdicts Admiraux respectiuement & les aduertirõt de toutes
choses occurrentes pour le bien de nostre seruice, En ce qui touche & peut
regarder leurs estats & charges & ce qui
en despend, & leur porteront l'hõneur
qui leur appartiét. Et lesquels nos officiers en ce faisant auront moyé aysé de
nous faire informer & aduertir par nos
dits Admiraux de toutes choses qui re-
quierét, prompte prouision pour le fa-
cile accez qu'ils pourrõt auoir vers eux.
Et ausquels à ceste fin nous voulons &
ordonnons que pour le bien de nostredict seruice & acquict de leurs charges,
ils s'adressent, & d'iceux prennét aduis.
SI DONNONS en Mandement
à nos amez & feaux les gens de nos

Cours de Parlement, Chambres de nos Comptes, Thesauriers de France & generaux de nosdictes finances en nostredict Pays & Duché de Normandie, Iuges de nosdicts Admiralitez, & à tous autres nos Iusticiers, officiers, chacun d'eux comme à luy appartiédra, que de nos present Edict, declaration, ordonnance & reuocation, ils entretiennent, gardent & obseruent, & facent entretenir, garder & obseruer, lire, publier & enregistrer, sans souffrir, aller, ne venir au côtraire en quelque sorte ou maniere que ce soit; Car tel est nostre plaisir, nonobstant quelconques Edicts, pouuoirs, ordonnances, restrinctiós, mandemens & deffences à ce contraires. Ausquelles & aux desrogatoires des desrogatoires y contenuës. Nous auós desrogé & desrogeons par cesdictes presentes.

Et pource que d'icelles l'on pourra

auoir affaire en plusieurs & diuers lieux.
Nous voulons qu'au vidimus d'icelles
faict soubz seel Royal, ou deuëment
collationné par nos amez & feaux No-
taires & Secretaires, foy soit adioustée
côme au present original, auquel afin
que ce soit chose ferme & stable à tous-
iours, nous auons faict mettre nostre
seel, sauf en autres choses nostre droict,
& l'autry en toutes.

Donné à Fontainebleau, au mois
d'Auril, l'an de grace mil cinq cens cinquante quatre, auant Pasques.
Et de nostre regne le neufiéme.

Signé,   H E N R Y.

Et à costé,   V I S A.
Par le Roy estant en son Conseil.
B V R G E N S I S.   Vn paraphe.
Et seellé de cire verd' en lacs de soye,
du grand seau de la Majesté.